# Gebete für Himmels-stürmer

Bibliographische Information der Deutschen Nationalbibliothek: Die Deutsche Nationalbibliothek verzeichnet diese Publikation in der Deutschen Nationalbibliographie; detaillierte bibliographische Daten sind im Internet über http://dnb.dnb.de abrufbar.


Printed in Germany



Das Buch wurde auf alterungsbeständigem Papier gedruckt.

Cover: Anja Haß, Leipzig
Covermotiv: © Milad Fakurian/unsplash.com
Satz: makena plangrafik, Leipzig & Zwenkau
Druck und Bindung: Westermann Druck Zwickau GmbH

ISBN 978-3-96038-385-7
www.eva-leipzig.de

Fabian Vogt

# Gebete für Himmelsstürmer

edition chrismon

# Inhalt

»Dem Himmel ist
beten wollen
auch beten.«
*Gotthold Ephraim Lessing*

## Einfach losbeten!?

Die einen klopfen auf Holz, die nächsten »drücken die Daumen« und wieder andere rufen »Toi, toi, toi« oder »Hals- und Beinbruch«. Dahinter steckt immer der gleiche Wunsch: Ich möchte so gerne, dass die Dinge, die ich nicht in der Hand habe, gut ausgehen. Klar! Wer will das nicht? Und irgendwie ahnen wir, dass da jemand oder etwas sein könnte, der oder das uns dabei hilft. Eine liebevolle Macht. Sonst würden wir die Daumen ja nicht so leidenschaftlich drücken.

Ich finde schon diese vorsichtige Ahnung großartig. Dieses Vertrauen darauf, dass ich möglicherweise nicht alles allein bewältigen muss. Und das gilt erst einmal unabhängig davon, ob ich meinen Ruf nach Unterstützung an den christlichen Gott, die Kraft der Liebe (was nebenbei ein Kosename von Gott ist) oder an das Universum richte. Für mich sind Menschen, die so etwas tun, Himmelsstürmer. Sie bestürmen den »Himmel« um seinen Beistand oder freuen sich wie wild, wenn etwas richtig gut gelaufen ist: »Gott sei Dank!«

Wie selbstverständlich das Beten nach wie vor in unserem Alltag mitschwingt, zeigt schon die Tatsache, dass wir – oft, ohne es zu merken – ständig kleine Gebetsformeln nutzen, die über unsere Realität hinausweisen; und sei es nur ein kurzes: »Viel Glück!« Noch verrückter ist, dass sogar die Verabschiedung »Tschüss« ursprünglich von »Adieu« bzw. »Adios« kommt und »Sei Gott anbefohlen« bedeutet. Das heißt: Immer, wenn wir »Tschüss« sagen, wünschen wir einem Menschen, dass Gott – oder im weitesten Sinn: die Zuneigung des Himmels – mit ihm ist. Mir gefällt das.

Das Schöne am Beten ist aber auch: Jede und jeder kann es. Immer und überall. Denn eines ist sicher: Ganz gleich, ob wir danken oder bitten, loben oder dem Göttlichen unsere Sorgen anvertrauen ... so eine »Kontaktaufnahme« mit dem »Himmel« kann in großer Vertrautheit oder mit fragender Neugier passieren. Beides ist erlaubt. Und völlig korrekt. Ja, man muss nicht einmal unbedingt an Gott glauben, um sich in seiner Gegenwart wohlzufühlen.

Ich bin überzeugt: Beten tut gut – und macht das Leben reicher. Und weil es mir selbst oft hilft, wenn ich mich dabei von den Worten anderer inspirieren lasse, habe ich in diesem Büchlein ein paar »Gebete für alle Gelegenheiten« gesammelt. Als Inspiration – und mit der völligen Freiheit, sie für sich zu individualisieren und persönlich weiter zu beten.

Interessanterweise stellen viele Menschen, die über das Beten nachdenken, als Erstes die Frage: »Bringt das was?«

Also: »Hat mein Gebet konkrete Auswirkungen?« – »Wird sich was ändern, wenn ich den Himmel in mein Leben einbeziehe?« Ich sag' mal so: Schaden kann Beten jedenfalls nicht. Und ich bin tatsächlich überzeugt, dass Gebete etwas bewirken. Vor allem aber können sie mich und meine Einstellung zu den Dingen positiv verändern. Der Theologe und Mediziner Albert Schweitzer hat deshalb mal sehr klug gesagt: »Gebete verändern nicht die Welt, aber Gebete verändern Menschen – und Menschen verändern die Welt.« Ein wirklich starker Satz.

Nach neusten Untersuchungen (2023) betet ein Drittel aller Deutschen »gelegentlich oder öfter«. Ich freue mich, wenn du durch dieses Büchlein Lust bekommst, es (noch) »öfter« zu versuchen.

*Herzlich,*
*Fabian Vogt*

»Mut ist Angst,
die gebetet hat.«

*Corrie ten Boom*

## Beten: eine kleine Gebrauchsanleitung

Angeblich hat der preußische König Friedrich der Große mal gebetet[1]: »Lieber Gott, falls es dich gibt: Rette meine Seele, wenn ich eine habe.« Fantastisch! Der Typ ist voller Zweifel und hofft doch alles. Und befindet sich damit in guter Gesellschaft. Denn schon in der Bibel bekennt ein Mann sehr offen: »Ich glaube – hilf meinem Unglauben.« Man könnte sogar vermuten: Selbst die treuesten Beter sind in der Regel keine Allzeit-Glaubenshelden. Deshalb ist es sicher anregend, zu Beginn dieses Büchleins noch mal kurz zu schauen, worum es beim Beten überhaupt geht.

---

1 Angelehnt an einen Spruch von Artur Schopenhauer.

Also, Beten meint vor allem: Jemand wendet sich an eine göttliche Instanz. Deshalb wird eigentlich in allen Glaubensgemeinschaften, in denen die Menschen an eine oder mehrere persönliche Gottheiten glauben, gebetet. Man kann auch sagen: Glaubende nehmen Kontakt mit einer transzendenten Macht auf und vertrauen sich ihr an, sie denken über sich hinaus und treten in einen himmlischen Dialog ein. Und schon dieses Zuneigen erleben viele als wohltuend.

Klassischerweise wird beim Gebet für sich selbst und für andere um etwas »gebeten« (da kommt das Wort auch her) – aber natürlich drücken Menschen mindestens genauso gerne ihren Dank, ihre Freude, ihre Verzweiflung, ihr Lob, ihre Trauer oder ihre Partystimmung aus. Weil es darum geht, die gesamte Existenz mit der Dimension des Himmels zu verknüpfen.

Die Psalmen – eine biblische Sammlung von 150 Gebeten – sind so voller Hoffnung und Verzweiflung, Wut und Klage, Sehnsucht und Schwärmerei, dass man eines auf jeden Fall festhalten kann: Es gibt offensichtlich nichts, was ein Mensch seinem Gott nicht sagen dürfte. Alles ist erlaubt. Gott hält das aus – selbst übelste Beschimpfungen oder verrückte Fantasien. Und wenn Jesus die Menschen später ermutigt »All eure Sorgen werft auf Gott«, dann meint er das auch so: Schütte Gott mit allem zu, was dich belastet. Gib es quasi an den Himmel ab, denn dann fühlst du dich viel freier. Eine spannende und zugleich entspannende Vorstellung.

Und weil wir frisch von der Leber weg mit dem Himmel sprechen dürfen, braucht es beim Beten auch keine Pulitzerpreisverdächtigen Formulierungen. Gott schert sich weder um Grammatikfehler noch um vermeintlich peinliche Äußerungen oder Stottereien. Je unverkrampfter wir reden, desto kraftvoller wird das Gebet. Das ist zumindest meine Erfahrung.

Nebenbei: Geübte Beterinnen und Beter sind zutiefst überzeugt, dass beim Beten auch etwas zurückkommt, sprich: dass Gott ihnen antwortet. Sie empfehlen deshalb, nicht immer nur zu reden, sondern auch mal still zu werden und einfach nur zuzuhören. Wer weiß, was es da zu hören gibt!

Wie gesagt: Beten kann jede und jeder. Trotzdem fühlen sich manche dabei ein bisschen unsicher. Zum Beispiel stellt sich die Frage: Wie soll ich Gott oder das Göttliche überhaupt anreden? Um ehrlich zu sein: Du könntest die »Kraft des Himmels« auch Karl-Heinz oder Erika nennen, das würde deinem Gebet nichts von seiner Bedeutung nehmen. Deshalb ist es genauso in Ordnung, wenn du ein Gebet mit den Worten anfängst: »Gott, ich weiß gar nicht, wer du bist ...«

Jesus selbst hat sehr lässig vorgeschlagen, Gott beim Beten einfach »Abba« zu nennen – das ist das aramäische Wort für »Papa«, so wie Kinder es gerne zu ihrem Vater sagen. Ob man das mag, ist sicherlich Geschmacksache, gemeint ist aber: So wie Kinder sich voller Liebe und Vertrauen ihrem Vater oder ihrer Mutter zuwenden, so können sich Menschen Gott zuwenden. Gerne auch mit einer individuellen Anrede.

Nächste Frage: Muss man beim Beten eine bestimmte Körperhaltung einnehmen? Antwort: Nö! Ich weiß: Es gibt Menschen, die falten beim Beten andächtig die Hände und finden das angemessen. Andere Kulturen dagegen strecken beim Beten die Arme hoch in den Himmel und wieder andere knien sich hin. Nichts davon ist eine Voraussetzung für ein gelingendes Gebet. Auch nicht das Schließen der Augen oder das Senken des Kopfes. Vielen Betenden helfen solche körperlichen Gesten aber, sich besser in ihr Gebet zu vertiefen. Trotzdem: Wenn du gerne im Kopfstand, beim Joggen, in der Horizontalen oder beim Bügeln betest, ist das genauso passend.

Heißt das, dass man wirklich überall beten kann? Ja! An welchem Ort sollte das denn nicht passen? Und wenn jemand dazu gerne die Zeit auf dem Klo nutzt: bitte schön! Was nicht heißt, dass es sich nicht lohnt, über passende Räume und Atmosphären nachzudenken. Vielen hilft es zum Beispiel, vor dem Gebet stimmungsvoll eine Kerze anzuzünden – oder in den Wald auf eine wunderschöne Lichtung zu gehen, auf der das Licht sanft durch die Bäume scheint. Alles, was meiner Seele hilft, sich entspannt für den Himmel zu öffnen, sollte ich nutzen. Warum auch nicht? Jesus zumindest empfiehlt seinen Anhängerinnen und Anhängern, sich an einen Ort zurückzuziehen, an dem man ungestört ist.

Das Verrückte ist: Wenn ich beim Beten wirklich mit einer echten göttlichen, vielleicht sogar allmächtigen Kraft kommuniziere, dann müsste die doch eigentlich längst alles wissen, was mich beschäftigt. Stimmt! Deshalb sagt Jesus:

»Euer Vater (also Gott) weiß, was ihr braucht, ehe ihr ihn bittet.« Das heißt: Schon die Bibel macht deutlich, dass es beim Beten weniger um die Vermittlung spezifischer Inhalte geht, als darum, dass ich mich Gott überhaupt zuwende – dass ich Kontakt aufnehme und dabei entdecke: Das Gebet macht etwas mit mir. Dass ich meine innere Unruhe mit dem Himmel teile, bringt mich zur Ruhe und hilft mir, meine Gedanken zu ordnen, meine Seele zu entlasten und meine Sinne neu auszurichten.

Schon weil dieser Prozess so kostbar ist, lohnt es sich zu beten. Und nicht, weil Gott wie eine Wunscherfüllungsmaschine funktioniert. Leider haben aber viele immer noch den Gedanken im Kopf: »Ich muss Gott nur um etwas bitten, dann wird er meinen Wunsch erfüllen. Und wenn er es nicht tut, dann ist er blöd.« Ich habe schon erwähnt, dass ich an Gebetserhörungen glaube, aber die sind kein Automatismus. Schon in der Antike sagte ein Dichter sehr klug: »Was soll

Gott denn machen, wenn der Bauer um Regen bittet, damit das Getreide wächst, und der Töpfer um Sonne, damit sein Ton trocknet?«

Insofern verstehe ich Beten auch weniger als einen Besuch im »Kaufhaus für Sehnsüchte« als eine Charakterschule, eine intensive Auseinandersetzung mit den eigenen Ängsten und Hoffnungen im Angesicht Gottes. Und vielleicht empfiehlt sich in diesem Zusammenhang nach wie vor das unfassbar tiefgründige Gebet des amerikanischen Theologen Reinhold Niebuhr: »Gott, gib mir die Gelassenheit, Dinge hinzunehmen, die ich nicht ändern kann, den Mut, Dinge zu ändern, die ich ändern kann, und die Weisheit, das eine vom anderen zu unterscheiden.« Und umso faszinierender ist es, wenn dann und wann tatsächlich eine Gebetserhörung stattfindet.

Nebenbei: Klassischerweise schließen Christinnen und Christen ihr Gebet mit einem satten »Amen«. Amen ist eine Art verbales Ausrufezeichen und bedeutet so viel wie: »So isses!«, »Das gilt jetzt!« und »Das wird hiermit besiegelt.« Und weil dieses Abschlusswort vor Gott gesprochen wird, hat es einen heiligen Touch: Vor den himmlischen Mächten ist das eben Gesagte jetzt offiziell ratifiziert. Wobei Jesus das Wort »Amen« gerne auch mal zu Beginn einer Ansprache benutzt: »Amen, ich sage euch ...« Da wird schon zum Einstieg deutlich: Jetzt kommt was Bedeutendes. Etwas Heiliges!

Eine beglückende Erfahrung ist: Beten kann man Trainieren wie Muskeln. Sprich: Vielleicht sollten wir nicht nur regelmäßig WorkOuts, sondern auch ein paar PrayOuts in den Tagesablauf einplanen. Der Apostel Paulus ermutigt die Glaubenden sogar: »Betet ohne Unterlass!« Weil man dieses wundervolle Gefühl »Ich bin mit dem Himmel im Kontakt« tatsächlich kultivieren kann. Also: Bleib im Training! Dabei kann es hilfreich sein, nicht nur eine Art, sondern ganz verschiedene Arten des Betens (gern auch an verschiedenen Orten) auszuprobieren und für sich selbst herauszufinden, wo und wie man dabei dem Himmel am besten näherkommt.

Viele Betende führen zum Beispiel ein »Gebetstagebuch«. Das heißt: Sie schreiben jeden Tag auf, was sie Gott anvertraut haben. Das hat gleich mehrere Vorteile: Einerseits kann das Schreiben selbst einen meditativen Charakter bekommen, andererseits hilft es, die eigenen Gedanken zu konzentrieren, die sonst doch gerne mal abschweifen. Außerdem, und das finde ich mit das Schönste an dieser Idee, entdecken manche Gebetstagebuch-Führende beim späteren Wiederlesen ihrer Eintragungen, wie viel davon wahr geworden ist.

Wer einmal mit dem kontinuierlichen Beten angefangen hat, der will in der Regel nie wieder aufhören. Weil es einfach eine wunderbare Erfahrung ist zu merken, wie sehr so ein »Austausch« mit dem Himmel hilft, das eigene Leben bewusster und intensiver wahrzunehmen. Angeblich hat ein berühmter Pianist mal gesagt: »Wenn ich einen Tag nicht übe, merke ich es selbst. Wenn ich zwei Tage nicht übe, merken es meine Freunde. Und wenn ich drei Tage nicht übe, merkt es mein Publikum. Genauso ist es mit dem Beten.«

In diesem Sinne: Viel Vergnügen und viele himmlische Erfahrungen mit dem Beten. Es lohnt sich!

# Gebete für Himmelsstürmer

»Beten ist gut,
es macht das Herz froh.«
*Fjodor Dostojewski*

## Stoßgebete

**Hallo Himmel!**
Ich weiß nicht,
ob du gerade schweigst –
oder ich dich
nur nicht verstehe.
Aber ich finde:
Es wird höchste Zeit,
dass wir mal wieder
miteinander reden, Gott.
Ich bin bereit!
Was ist mit dir?

## Stoßgebet 1

**Hallo, Himmel!**
Lass mich spüren,
dass ich nicht
allein bin –
jetzt und hier!

## Stoßgebet 2

**Hallo, Himmel!**
Heute kommt's
drauf an:
Zeig, was du draufhast.

## Stoßgebet 3

**Hallo, Himmel!**
Aufgepasst!
Auf mich.
Bitte!

## Stoßgebet 4

**Hallo, Himmel!**
An alle Schutzengel,
die gerade frei sind:
Sondereinsatz! Los geht's!

## Stoßgebet 5

**Hallo, Himmel!**
Mach aus
Frust Lust.
O. k.!?

## Stoßgebet 6

**Hallo, Himmel!**
Erinnere mich
mal kurz daran,
wie schön das Leben ist.

## Stoßgebet 7

**Hallo, Himmel!**
Ich kann gerade nicht
an mich glauben.
Bitte sag mir,
dass du an mich glaubst.

## Stoßgebet 8

**Hallo, Himmel!**
Komm und still
den Sturm in mir.
Er nervt
gerade sehr.

## Stoßgebet 9

**Hallo, Himmel!**
Jetzt atme ich dich ein –
und alles Schwere aus.
Erfüll' mich
mit deiner Gegenwart.

## Stoßgebet 10

**Hallo, Himmel!**
Ich brauch heute Segen!
Und zwar ziemlich viel.
Bist du dabei?

## Stoßgebet 11

**Hallo, Himmel!**
Heute möchte ich
einfach nur ich sein.
Nimm bitte alles weg,
was nicht Ich ist.

## Stoßgebet 12

**Hallo, Himmel!**
Hilf mir, dass ich
meine Schatten umarmen
und mit ihnen tanzen kann.

# Tageszeiten

**Hallo Himmel!**

»Betet ohne Unterlass«,
sagt Paulus.
Und ich merke
immer öfter:
Eigentlich bin ich ständig
mit dir in Kontakt, Gott.
Auch ohne Worte.
Einfach so.
Ich halte dir alles hin,
was mich bewegt –
und spüre, wie es durch dich
anfängt zu leuchten;
wie es von deinem Licht
durchdrungen wird
und mich zum Strahlen bringt.

## Ein Bild von einem Tag

*Hallo, Himmel!*
Ein neuer Tag liegt vor mir –
wie ein weißes Blatt Papier
und ich wünsche mir so sehr,
dass er sich heute füllt:
mit bunten Farben
der Hoffnung,
mit kraftvollen Geschichten
des Glaubens,
mit sanften Begegnungen
der Liebe.
Ein Bild von einem Tag!
Ein Bild, das ich mir
später mal voller Freude
anschauen werde,
weil ich sagen kann:
An diesem Tag habe ich
das Leben gefeiert.
Was für ein Tag!

## Zwischendurch

*Hallo, Himmel!*
Kurz mal innehalten.
Will ich!
Kurz mal durchatmen.
Muss ich!
Kurz mal auftanken.
Werd' ich!
Nur einen Moment,
ganz bei mir sein …
ganz bei dir sein …
*Gott.*
Und in mich hineinhören:
auf den Klang
meiner Seele
und das Schlagen
meines Herzens.
Und wenn das Lied,
das ich dabei höre,
ein Liebeslied ist,
dann ist alles gut.

## Feier-Abend

*Hallo, Himmel!*
Was zu tun war,
ist getan.
Ich habe so viel erledigt ...
und bin ganz schön erledigt.
Alles, was heute
noch geschieht,
mache ich nicht
»um zu« –
sondern aus
purer Freude daran,
mich selbst zu spüren.
Hilf mir,
alle Notwendigkeiten
für ein paar Stunden
hinter mir zu lassen
und
ganz zweckbefreit,
ganz entspannt,
ganz lebensnah
zu sein.

## Einschlafen

*Hallo, Himmel!*
Nimm die
vielen Gedanken,
die in meinem Kopf kreisen,
an der Hand
und decke sie sanft zu ...
mit deiner Zuversicht.
Sing mir zum Einschlafen
noch einmal
das Lied der Liebe
ins Ohr –
und lass mich nicht
Schafe zählen,
sondern Glücksmomente,
die Augenblicke,
in denen ich heute erkannt habe,
was im Leben zählt.
Und dann entführe mich sacht
ins Reich deiner Träume.
Gute Nacht.

**Hallo, Himmel!**

*Ist das wahr?*
Es gibt nichts,
was ich nicht mit dir teilen dürfte:
mein Lachen und Weinen,
mein Hoffen und Zagen,
mein Jubeln und Straucheln,
mein Lieben und Hassen,
mein Singen und Schweigen,
mein Feiern und Schämen,
mein Finden und Suchen.
*Ja, das ist wahr!*
Weil dir nichts Menschliches
fremd ist,
bist du wie eine Mutter,
wie ein Vater,
wie eine Gefährtin,
ein Gefährte,
die mich mit offenen Armen
empfangen.
Voller Sehnsucht!
*Das ist wahr.*

## Fürchte mich nicht!

*Hallo, Himmel!*
Immer wieder
rufen die Engel:
*Fürchte dich nicht!*
Und sie verheißen:
Wenn du, Gott,
bei mir bist,
wovor sollte ich dann
noch Angst haben?
Und doch zieht sich alles
in mir zusammen,
greift eine kalte Hand
nach meinem Herzen,
fällt mir das Atmen
mit jedem Zug schwerer.

Schenk' mir statt
der bedrückenden *Enge*
die Weite der *Engel* –
die Gewissheit ihrer
erlösenden Einladung:
*Fürchte dich nicht!*
*Fürchte dich nicht!*
*Fürchte dich nicht!*
Ich ... fürchte ... mich ... nicht!

## Ausbruchsgefahr

*Hallo, Himmel!*
*Ich komme nicht raus!*
Hörst du:
Ich komme da einfach nicht raus!
Aus diesen
Verhaltensmustern –
die mich gefangen halten,
als säße mein Wille
in einer eisigen Zelle.
Ständig sage ich mir:
»Das machst du nie wieder!«
Und dann tu ich es doch.
Immer wieder.
Wie ein Gefangener
meiner Triebe.
Aber ich will nicht mehr.
*Ich will nicht mehr!*
Gib meinem Willen
die Stärke, die er braucht,
um die Mauern
zu zerbrechen.

## Beziehungsweise

*Hallo, Himmel!*
Ganz gleich,
was sich zwischen
mich und den andern
schleicht,
ganz gleich,
wie tief der Graben
auch zu sein
scheint,
ganz gleich,
welcher Schmerz
wie ein Abgrund
droht:
Mach mir jedes Mal
neu
Mut,
eine Brücke zu bauen;
eine Brücke aus Liebe,
die alles
Trennende
überwindet.

## Danke

*Hallo, Himmel!*
Was für ein Tag!
Es war wundervoll heute,
und ich bin immer noch ganz beseelt.
Ich spüre mit allen Sinnen,
wie das Leben in mir tanzt.
Am liebsten würde ich
die ganze Welt umarmen.
Aber erst mal möchte ich Danke sagen:
Danke für alles,
was ich heute entdeckt habe,
Danke für die Menschen,
denen ich nahegekommen bin,
Danke für die Leichtigkeit,
die ich gespürt habe,
und Danke für die Weite,
die mich erfüllt hat.

»Du stellst meine Füße
auf weiten Raum«,
hat ein Psalmdichter mal gesagt.
Jetzt weiß ich, was er meint.
Weil ich ahne, dass du, Gott,
bei so viel Glück
deine Hand im Spiel hast: Danke!

## Weitermachen

*Hallo, Himmel!*
In mir rufen so oft Stimmen:
Gib auf! Lass es!
Das hat keinen Sinn!
Das wird eh nichts!
Und wenn ich schwach bin,
möchte ich sagen:
»Stimmt!«
Stimmt aber nicht!
Denn ich weiß:
Du kannst
meinen Horizont *weiter machen,*
meine Perspektive *weiter machen,*
meinen Blickwinkel *weiter machen*
mein Selbstvertrauen *weiter machen.*
Und dann kann ich
mit neuem Schwung
*weitermachen.*
Lass mich nicht aufgeben –
weil du mich nicht aufgibst.

## Ehrlich erleichtert

*Hallo, Himmel!*
Nur ein bisschen
geschwiegen.
Nur ein bisschen
gelogen.
Nur ein bisschen
gezögert.
Nur ein bisschen
verbogen.
Das habe ich –
weil es viel *leichter* schien.
Jetzt erkenne ich:
Es macht alles viel *schwerer* ...
denn meine Lügen legen sich
wie ein grauer Schleier
über die Wirklichkeit.
Nimm ihn weg!
Das mag *schwerer* scheinen,
macht aber alles viel *leichter*.
Ehrlich!

## Entschieden unentschieden

*Hallo, Himmel!*
Wäre schön,
ich könnte sagen:
Gott, schenke mir
dies oder das!
Aber um ehrlich zu sein:
Ich weiß gerade
selbst nicht so genau,
was ich eigentlich will ...
was mir guttun würde ...
was besonders klug wäre.
Darum, Gott:
Bitte, hilf mir, mitten
in der Fülle der Optionen ...
im Meer der Möglichkeiten ...
in der Vielfalt der Perspektiven ...
einen guten Weg zu wählen,
den richtigen, den besten.
Wäre schön,
ich könne sagen:
Gott, schenke mir
dies oder das!

## Ich schaff' das

*Hallo, Himmel!*
Manchmal reichen drei Worte:
*„Du schaffst das!“*
Und diese drei Worte
brauche ich jetzt.
Lass die Vögel zwitschern:
*„Du schaffst das!“*
Lass die Wolken flüstern:
*„Du schaffst das!“*
Lass die Steine raunen:
*„Du schaffst das!“*
Lass die Freunde lächeln:
*„Du schaffst das!“*
So laut,
so kraftvoll,
so ermutigend,
dass ich es mir
irgendwann selbst
wieder glaube:
*„Ich schaff' das!“*
Und wie!

## Wörter zu Pflugscharen

*Hallo, Himmel!*
Jemand,
in dem es kämpft ...
kämpft.
Jemand,
in dem es wütet ...
wütet.
Jemand,
in dem es weh tut ...
tut weh.
Da stürmt Wort gegen Wort.
Guter Gott,
lass in mir
den Streit vor der Liebe
kapitulieren
und die harten Worte
ihre Waffen strecken,
damit endlich
Friede wird.
Mein Friede!
Dein Friede!
Friede in der Welt!

## **Für Dich!**

*Hallo, Himmel!*
Heute bete ich nicht für mich,
sondern für die,
die sich in mein Herz
geliebt haben.
Und weil sie mir so
so nah sind,
vertraue ich dir
ihre Tränen,
ihre Zweifel,
ihre Leere
und ihren Groll
an.
Zaubere du ihnen
einen Sonnenaufgang ins Herz,
der die Nacht
in ihnen erhellt.
Denn wenn du das machst,
kann auch ich wieder
lachen.

## **Erwartungsvoll**

*Hallo, Himmel!*
Ich bin so ungeduldig.
Und ich will auch
nicht mehr warten.
Am liebsten möchte ich
den ganzen Tag rufen:
Los jetzt!
Beeil dich!
Halt dich ran!
Dalli dalli!
Bitte sag mir:
Warum lässt du dir
so viel Zeit, Gott?
Muss das sein?

Doch wenn du mich schon,
aus welchen Gründen
auch immer, warten lässt,
dann lehre mich
wenigstens die
Kunst des Aushaltens.
Des Durchhaltens.
Des Er-Wartens.
Aber warte nicht zu lang.
Bitte!

## Du in mir

*Hallo, Himmel!*
Es heißt:
Du verströmst deine Kraft
in die Menschen –
den Atem des Lebens.
*Eine Kraft, die*
*begeistert,*
*ermutigt,*
*befähigt,*
*befreit.*
Den Atem des Lebens.
Diesen guten Geist
wünsche ich mir.
*Diese Kraft, die*
*begeistert,*
*ermutigt,*
*befähigt,*
*befreit.*
Erfülle mich,
du Atem des Lebens –
und weck' mich
auf.

## Lass mich lassen

*Hallo, Himmel!*
*Lass mich all das lassen,*
*was mich nicht sein lässt.*
Lass mich
loslassen,
ablassen,
weglassen,
beiseitelassen,
offenlassen,
sausenlassen,
bleibenlassen,
unterlassen,
zufriedenlassen.
*Lass mich all das lassen,*
*was mich nicht sein lässt.*
Denn wenn all das
nicht mehr ist,
dann bin ich endlich …
gelassen.
Wie befreiend das klingt:
gelassen sein.

## Klappt!

*Hallo, Himmel!*
Ich habe alles getan,
was ich tun konnte.
Jetzt wünsche ich mir,
dass du, Gott,
alles gelingen lässt.
Sei du in meinem Leben:
das Tüpfelchen auf dem I,
die Kirsche auf der Torte,
das Sahnehäubchen
und der Zuckerguss.
Setz' meinem Hoffen die Krone auf
und gib ihm den letzten Schliff.
Vollende das,
was ich nicht vollenden,
sondern nur
aus deiner Zuneigung
empfangen kann.
Lass das Gelingen
gelingen.

## Pflaster für die Seele

*Hallo, Himmel!*
Leg' dich wie ein Pflaster
auf meine Seele,
wenn sie entzündet ist.
Versorg' die Wunden
meines Herzens,
wenn es blutet.
Lindere das Leiden
meines Körpers,
wenn er krank wird.
*Mach mich heil!*
Vor allem aber:
Gib mir so viel Stärke
und Trost,
dass die Verletzungen
meiner Seele,
meines Herzens
und meines Körpers,
die alten und die neuen,
davon lichterloh
überstrahlt werden
*Mach mich heil!*

## Wer's glaubt

*Hallo, Himmel!*
Einmal hat einer gerufen:
*„Ich glaube, hilf meinem Unglauben."*
Diese Sehnsucht kenne ich:
Den tiefen Wunsch,
glauben zu können,
getragen von einer
heiligen Gewissheit,
dass du, Gott,
auf meiner Seite bist.
*„Ich glaube, hilf meinem Unglauben."*
Diesen Zweifel kenne ich:
Die raue Angst,
nicht glauben zu können,
zerrissen von einem
unheiligen Argwohn,
dass da kein Gott
an meiner Seite ist.
*„Ich glaube, hilf meinem Unglauben."*
Dieses Begehren kenne ich:
Dass ich überwältigt werde
von der Schönheit des Glaubens.

## Geländer

*Hallo, Himmel!*
Ich bin nicht schwindelfrei.
Zumindest fühlt sich mein Leben
zurzeit an, als wäre ich
von Abgründen umgeben.
Als zöge es mich in die Tiefe,
in einen bodenlosen Krater
der Verzweiflung.
Ich kann nur noch flehen:
*HALT!*
*Gib mir Halt!*
*Sei mein Halt!*

Sag du Halt
zu allem, was an mir zerrt,
zu allen, die an mir zerren.
Wie ein Geländer,
dass sich schützend
vor mich stellt –
zwischen mich und die Tiefe.
*HALT!*
*Gib mir Halt!*
*Sei mein Halt!*
Denn ich bin nicht schwindelfrei.

## Wo Glaube ist, da ist auch Lachen

*Hallo, Himmel!*
*Mach's mir leicht:*
*Schenk mir ein Lachen.*
Oder ein breites Grinsen,
das die Sorgenfalten
in meinem Gesicht
verschwinden lässt.
*Mach's mir leicht:*
*Schenk mir ein Jubeln.*
Oder ein großes Räkeln,
dass die Schwere
in meinen Gliedern
verschwinden lässt.
*Mach's mir leicht:*
*Schenk mir ein Strahlen.*
Oder ein helles Entzücken,
das die Dunkelheit
in meinen Gedanken
verschwinden lässt.
*Mach's mir leicht:*
*Schenk mir Heiterkeit.*

## Ohne Hoffnung kein Anfang

*Hallo, Himmel!*
Ich hoffe, ich hoffe
nicht vergeblich.
Ich hoffe, ich hoffe
grenzenlos.
Ich hoffe, ich hoffe
auf ein Wunder.
Ich hoffe, ich hoffe
gerne groß.
Ich hoffe, ich hoffe
aus Vertrauen.
Ich hoffe, ich hoffe
auch in Moll.
Ich hoffe, ich hoffe
immer weiter.
Ich hoffe, ich hoffe
liebevoll.
Ich hoffe, ich hoffe,
ich hoffe, ich hoffe,
so sehr auf das Morgen ...
dass ich heute schon anfange.

## Eine Idee für eine Idee

*Hallo, Himmel!*
Du hast alles geschaffen.
Das Leben und die Liebe.
Die Farben und die Töne.
Das Leichte und das Schwere.
*Du bist so kreativ, Gott.*
Du hast mich geschaffen.
Mein Träumen und Sehnen.
Mein Singen und Reden.
Mein Beten und Zagen.
*Du bist so kreativ, Gott.*
Du hast mich
nach deinem Bild geschaffen.
Ich bin wie du.
Du bist wie ich.
Etwas von dir atmet in mir.
*Du bist so kreativ, Gott.*
Darum bitte ich dich:
Lass deine Kreativität
in mir tanzen –
frei und ungestüm.
*Ich bin so kreativ, Gott.*

## Jas und Neins

*Hallo, Himmel!*
So viel in mir sagt: Nein!
So viel an mir sagt: Nein!
So viel um mich sagt: Nein!
*Du aber sagst: Ja!*
Das ist fantastisch:
Du sagst: Ja.
Zu mir.
Ich bitte dich:
Umhülle mich
mit diesem Ja,
das stärker ist
als alle Neins dieser Welt,
das alle Neins dieser Welt
lustvoll übertönt
und mir sagt:
Ich bin gewollt.
So viel in mir sagt: Nein!
So viel an mir sagt: Nein!
So viel um mich sagt: Nein!
*Du aber sagst: Ja!*

## Prayout

*Hallo, Himmel!*
Ich kann nicht mehr.
Und ich will auch nicht mehr.
Es wird mir einfach alles zu viel.
Ich bin unglaublich müde.
Hundemüde.
Todmüde.
Lebensmüde.
Doch dann steht da:
*„Kommt alle zu mir,*
*die ihr müde und beladen seid –*
*ich will euch erquicken."*
Hast du das ernst gemeint?
Und gilt das noch heute?
*„Kommt alle zu mir,*
*die ihr müde und beladen seid –*
*ich will euch erquicken."*
Hier bin ich.
Bei dir.
Und ich bin müde und beladen.
Jetzt erquicke mich.

## Liebestoll

*Hallo, Himmel!*
Wer das Leben liebt, gewinnt.
Wer die Menschen liebt, gewinnt.
Wer Gott liebt, gewinnt.
Wer sich selbst liebt, gewinnt.
Und Jesus schwärmt:
*„Denen, die Gott lieben,*
*müssen alle Dinge zum Besten dienen."*
Manchmal frage ich mich:
Ist das nicht
dasselbe?
Dieselbe Liebe:
die Liebe zum Leben,
zu den Menschen,
zu Gott und zu mir selbst?
Weil jemand,
der nur eines davon
bedingungslos lieben wollte,
ohnehin alles lieben würde.
Oder er liebt nicht wahrhaftig.
Um diese allumfassende Liebe
bitte ich dich.

## Wutlos glücklich

*Hallo, Himmel!*
Ich
könnte
explodieren,
toben,
wüten,
schreien.
*AHHHH!*
Bitte
besänftige
mein
wildes
Herz.
Mach
es
mild
und
sanft.
Um
meinetwillen.

## Ich trau mich

*Hallo, Himmel!*
*Ruf' mir zu: „Trau dich!"*
Gib mir den
Anstoß,
der nötig ist,
damit ich es wage.
Und lass den Traum,
um den es geht,
größer werden
als die Angst,
die mich noch zurückhält.
*Ruf' mir zu: „Trau dich!"*
Gib mir den
Halt,
der nötig ist,
damit ich es wage.
Und lass die Sehnsucht,
um die es geht,
überzeugender werden,
als die Unsicherheit,
die mich noch zurückhält.
*Ruf' mir zu: „Trau dich!"*

## Ganz du

*Hallo, Himmel!*
Du weißt, wen ich liebe!
Und wie ich diesen Menschen
lieben möchte.
Wie sehr.
*Mit ganzem Herzen,*
*mit ganzer Seele,*
*mit ganzer Hingabe*
*und all meiner Kraft.*
So sehr.
Du weißt, wer mich liebt!
Und wie ich von diesem Menschen
geliebt werden möchte.
Wie sehr.

*Mit ganzem Herzen,*
*mit ganzer Seele,*
*mit ganzer Hingabe*
*und all meiner Kraft.*
So sehr.
Du, Gott, bist die Liebe.
Darum: Sei in uns,
zwischen uns,
bei uns.

## Die Wogen glätten

*Hallo, Himmel!*
Aufgewühlt,
aufgerieben
aufgeregt
und aufgedreht,
aufgebraucht,
aufgeblasen,
aufgeheizt
und aufgebläht:
So fühle ich mich.
Alles ist unruhig in mir.
*So unruhig,*
*so unruhig,*
*so unruhig.*
Drück' du die
»Mute«-Taste.
Jetzt.
Dass es ruhig wird in mir.
*Ganz ruhig,*
*ganz ruhig,*
*g a n z r u h i g.*
Jetzt bin ich ruhig.

## Manchmal

*Hallo, Himmel!*
Manchmal spüre ich
den Hauch ihrer Flügel,
wenn sie vor mir
den Weg frei machen.
Manchmal höre ich
das Flüstern ihrer Stimmen,
wenn sie mit mir
nach dem Weg suchen.
Manchmal sehe ich
die Spuren ihrer Liebe,
wenn sie neben mir
den Weg gegangen sind.
Manchmal schmecke ich
die Süße ihrer Küsse,
wenn sie in mir
den Weg gesegnet haben.
Dass es deine Schutzengel gibt,
kann ich nicht beweisen.
Aber ich kann sie spüren,
hören, sehen und schmecken.
Mehr brauche ich nicht.

## Zweifelsfrei

*Hallo, Himmel!*
Nicht genug.
Ständig denke ich,
ich bin:
nicht gut genug.
Nicht schön genug.
Nicht stark genug.
Nicht mutig genug.
Nicht klug genug.
Nicht genug.

Lass in mir das erklingen,
was du mir zugesungen hast:
*Genug.*
*Ich bin:*
*gut genug.*
*Schön genug.*
*Stark genug.*
*Mutig genug.*
*Klug genug.*
*Genug.*
Weil du mit dem,
was ich bin,
alles verändern kannst.

## Sinngemäss

*Hallo, Himmel!*
Ich will,
dass es nicht egal ist,
*ob es mich gibt –*
*oder nicht.*
Ich will,
dass es einen Unterschied macht,
*ob es mich gibt –*
*oder nicht.*
Ich will,
dass die Welt anders ist,
*ob es mich gibt –*
*oder nicht.*
Ich will,
dass das Universum spürt,
*ob es mich gibt –*
*oder nicht.*
Will ich zu viel? O nein!
Ich will einfach nur sein ... Sein.
Denn wenn du mich
in die Welt geliebt hast,
dann ergibt alles Sinn.

## Extraportion Segen

*Hallo, Himmel!*
Genau jetzt könnte ich
eine Extraportion Segen
gut gebrauchen.
Einen Segen,
der sich wie Balsam
auf meine Seele legt
und alle Ängste
verschwinden lässt.
Einen Segen,
der meine Traurigkeit
in Freude verwandelt
und mich mit einer
unbändigen Hoffnung erfüllt.

Einen Segen,
der den wilden Sturm
in mir stillt
und mich erleichtert
aufatmen lässt.
So eine Extraportion
Segen könnte ich
gut gebrauchen.
Genau jetzt.

## Augen auf!

*Hallo, Himmel!*
Das Wort »traurig«
bedeutet ursprünglich
»den Blick senken« oder
»die Augen niederschlagen«.
So möchte ich wie
der Psalmdichter rufen können:
*„Ich hebe meine Augen auf
zu den Bergen."*
Denn er weiß:
»Meine Hilfe kommt von Gott,
der Himmel und Erde gemacht hat.«

Den Blick heben,
die Augen aufschlagen,
über meinen Horizont hinausschauen:
was für ein Segen!
Das möchte ich gerne:
nicht an meiner Traurigkeit
verzweifeln,
sondern ihr die Weite des Himmels
entgegenhalten.
*„Ich hebe meine Augen auf
zu den Bergen."*

## TRAUMHAFT

*Hallo, Himmel!*
Nicht nur das sehen,
was ist,
sondern das sehen,
*was sein könnte.*
Nicht nur das glauben,
was ich sehe,
sondern das glauben,
*was sein könnte.*
Nicht nur das angehen,
was ich glaube,
sondern das angehen,
*was sein könnte.*

Nicht nur das für möglich halten,
was ich angehe,
sondern das für möglich halten,
*was sein könnte.*
Könnte sein, dass das,
was sein könnte,
wahr wird, weil ich vertraue,
*dass es sein könnte.*
Solche Träume
wünsche ich mir.

## Trost der ganzen Welt

*Hallo, Himmel!*
Schicke
*Trost los,*
*denn ich bin*
*trostlos.*
Trostlos – wie es das Wort meint:
Ohne Treue und Vertrauen.
Ohne zu wissen, was mich hält.
Ohne Netz und doppelten Boden.
*Schicke*
*Trost los,*
*denn ich bin*
*trostlos.*
Trost – wie ihn dein Wort verspricht:
neue Treue und Vertrauen.
Neu zu wissen, was mich hält.
Neues Netz und doppelten Boden.
*Schicke*
*Trost los,*
*denn ich bin*
*trostlos.*

## Du kannst

*Hallo, Himmel!*
Ich kann mir das nicht vergeben,
darum:
*Vergib du mir, Gott.*
Ich kann das alles nicht verstehen,
darum:
*Versteh du es, Gott.*
Ich kann mich davon nicht freisprechen,
darum:
*Sprich du mich frei, Gott.*
Ich kann mich selbst nicht entlasten,
darum:
*Entlaste du mich, Gott.*
Ich kann das nicht wieder gutmachen,
darum:
*Mach du es wieder gut, Gott.*
Ich kann diese Last nicht mehr tragen,
darum:
*Trage du die Last, Gott.*
Ich kann nicht.
Du
kannst!

## Alles wieder gut

*Hallo, Himmel!*
Es wär' so schön,
es wär' alles wieder gut.
Es wär' so schön,
ich könnte all das,
was mir jemand zugefügt hat,
vergessen,
nein, nicht vergessen,
aber vergeben.
Mir
eine neue Chance geben,
dem anderen
eine neue Chance geben,
dem Leben
eine neue Chance geben.
Hilf mir,
denen,
die mir etwas zugefügt haben,
so zu vergeben,
dass ich sagen kann:
Es ist alles wieder gut.

## Urvertrauen

*Hallo, Himmel!*
*Ich bin gewollt.*
*Ich bin geliebt.*
*Es lohnt sich zu leben.*
Das will ich glauben.
Das ist Vertrauen.
Urvertrauen.
Wenn ich darauf baue:
*Ich bin gewollt.*
*Ich bin geliebt.*
*Es lohnt sich zu leben,*
dann können mich
die wildesten Stürme
des Lebens nicht
umwerfen.
Dann habe ich mein Haus
auf Felsen gebaut.
Gott, sag es mir bitte immer wieder:
*Du bist gewollt.*
*Du bist geliebt.*
*Es lohnt sich zu leben.*

## Bleibt in der Familie

*Hallo, Himmel!*
Beschütze alle,
die zu mir gehören,
die mir angehören,
*meine Familie.*
Beschütze alle,
die ich liebe,
die mich lieben,
*meine Familie.*
Beschütze alle,
die mein Leben teilen,
deren Leben ich teile,
*meine Familie.*

Beschütze alle,
die zu mir halten,
zu denen ich halte,
*meine Familie.*
Beschütze alle,
die mit mir hoffen,
mit denen ich hoffe,
*meine Familie.*
Meine Seelen-Verwandten.
Segne und behüte sie!

## Ziel vor Augen

*Hallo, Himmel!*
*Heute brauch ich schlicht:*
*Zuversicht.*
Die Kraft für den nächsten Schritt.
Den Proviant für die Reise.
Den Treibstoff für den Weg.
Das Ziel vor Augen.
*Heute brauch ich schlicht:*
*Zuversicht.*
Den Wunsch nach neuen Welten.
Die Richtung für den Aufbruch.
Das Wissen um die Fallen.
Das Ziel vor Augen.
*Heute brauch ich schlicht:*
*Zuversicht.*
Den Willen durchzuhalten.
Die Gewissheit, dass es gut ausgeht.
Ein richtig gutes Gefühl.
Das Ziel vor Augen.
*Heute brauch ich schlicht:*
*Zuversicht.*

# Klassiker

**Hallo, Himmel!**
Manche Worte
hörst du jeden Tag.
Tausendfach.
Millionenfach.
Immer die
gleichen Worte –
und doch sind sie
jedes Mal anders,
jedes Mal neu.
Weil ich sie sage.
Weil sie heute
den Klang
meines Lebens haben.
In diese Worte
will ich mich bergen.

Vater unser im Himmel,
geheiligt werde dein Name.
Dein Reich komme,
dein Wille geschehe –
wie im Himmel so auf Erden.
Unser tägliches Brot
gib uns heute
und vergib uns unsere Schuld,
wie auch wir vergeben
unseren Schuldigern.
Und führe uns nicht in Versuchung,
sondern erlöse uns von dem Bösen.
Denn dein ist das Reich
und die Kraft
und die Herrlichkeit
in Ewigkeit. Amen.

Gott ist mein Hirte,
mir wird nichts mangeln.
Er weidet mich auf einer grünen Aue
und führt mich zum frischen Wasser.
Er erquickt meine Seele.
Er führt mich auf rechter Straße
um seines Namens willen.
Und ob ich schon wanderte
Im finsteren Tal,
fürchte ich kein Unglück,
denn du bist bei mir –
dein Stecken und Stab trösten mich.
Du bereitest vor mir einen Tisch
im Angesicht meiner Feinde.
Du salbst mein Haupt mit Öl
und schenkst mir voll ein.
Gutes und Barmherzigkeit
werden mir folgen ein Leben lang.
Und ich werde bleiben im Hause Gottes
immerdar.

Ich danke dir,
mein himmlischer Vater,
durch Jesus Christus,
deinen lieben Sohn,
dass du mich diese Nacht
vor allem Schaden und Gefahr
behütet hast –
und bitte dich,
du wollest mich
diesen Tag auch behüten
vor Sünden und allem Übel,
dass dir all mein Tun und Leben gefalle.
Denn ich befehle mich,
meinen Leib und Seele
und alles in deine Hände.
Dein heiliger Engel sei mit mir,
damit der böse Feind
keine Macht an mir finde.

Ich danke dir,
mein himmlischer Vater,
durch Jesus Christus,
deinen lieben Sohn,
dass du mich diesen Tag
gnädiglich behütet hast –
und bitte dich,
du wollest mir vergeben
alle meine Sünde,
Wo ich Unrecht getan haben,
und mich diese Nacht
auch gnädiglich behüten.
Denn ich befehle mich,
meinen Leib und Seele
und alles in deine Hände.
Dein heiliger Engel sei mit mir,
damit der böse Feind
keine Macht an mir finde.

## Allrounder

**Hallo, Himmel!**
Seit Tausenden von Jahren
bestürmen dich Menschen
mit ihren Hoffnungen,
Träumen und Sehnsüchten.
Schreibt eigentlich
ein fleißiger Engel
die schönsten
Formulierungen mit?
Und was zeichnet
ein »gelungenes« Gebet aus?
Vermutlich, dass es
zwischen mir und dir
keine Distanz mehr gibt,
keine Scheu, keine Angst,
kein Misstrauen.
Nur Vertrauen.
Lass mich in dieses
Vertrauen eintauchen –
mit jedem Wort.

**Hallo, Himmel!**
Sag mal, Gott,
jetzt habe ich lange geredet –
wie geht's eigentlich dir so?
Hattest du heute eine gute Zeit?
War es wie in der
Schöpfungsgeschichte:
*„Siehe, es ist alles sehr gut …“*
oder eher wie in der
Noah-Geschichte:
*„Gott bereute, dass er*
*den Menschen gemacht hatte“?*
Sag mal, Gott,
wenn du dir die Welt so anschaust:
Möchtest du dann lachen oder weinen?
Ich würde mich freuen,
wenn du fröhlich lachen könntest.
Und wenn ich irgendwas
dazu beitragen kann:
Sag einfach Bescheid!

**Hallo, Himmel!**
Heute weiß ich gar nicht,
was ich beten soll.
Fühl' mich ziemlich leer.
Nun, vielleicht sage ich ja
heute mal nichts
und bin einfach nur da – mit
offenen Händen,
offenen Armen,
offenem Herzen,
offener Seele
und offenem Geist.
Offen für alles,
was du mir geben willst.
»Ein Leben in Fülle«
hast du, Jesus, versprochen.
Dann ... bitte ...
füll' die Leere in mir aus.
Ich bin bereit!
Empfangsbereit!

**Hallo, Himmel!**
Ich weiß: Ich geh' dir
manchmal auf die Nerven.
Weil ich dich ständig bedränge:
Gott segne mich!
Segne dies und segne das!
Bitte, bitte, bitte:
Segne das, was ich plane,
segne das, was ich denke,
segne das, was ich tue.
Was wäre, wenn ich den Spieß
mal umdrehen würde?
Wenn ich ab jetzt
sagen würde:
Bitte, bitte, bitte,
lass mich das
planen, denken und tun,
was du segnest.
Könnte sein,
dass sich dann alles
verändert.

**Hallo, Himmel!**
All die Jahre habe ich
mein Leben geplant –
und mir gewünscht,
*dass alles exakt so kommt,*
*wie ich es will.*
Kam es aber nie.
Nun stehe ich hier,
lasse all diese Pläne los
und wünsche mir,
*dass alles exakt so kommt,*
*wie du es willst.*
Ich kapituliere,
weil ich weiß,
dass mir nichts
Besseres passieren kann,
als das, was ich so oft
gebetet habe:
*„Dein Wille geschehe!“*

**Hallo, Himmel!**
*Lass mich weiterbeten,*
auch wenn mir die Worte fehlen.
*Lass mich weiterbeten,*
auch wenn ich müde werde.
*Lass mich weiterbeten,*
auch wenn mein Glaube schwankt.
*Lass mich weiterbeten,*
auch wenn die Angst mich drückt.
*Lass mich weiterbeten,*
auch wenn du scheinbar schweigst.
*Lass mich weiterbeten,*
auch wenn das viele irritiert.
*Lass mich weiterbeten,*
auch wenn es mir den Boden
unter den Füßen wegzieht.
Nein, nicht *„auch wenn"* –
gerade dann ...
gerade dann
*lass mich weiterbeten.*

## Segen

**Hallo, Himmel!**
Niemand kann
sich selbst segnen!
Segen kann
nur zugesprochen
werden,
kann nur verschenkt
werden.
So bitte ich dich:
Sag nur ein Wort
und meine Seele
wird gesund.
Überschütte mich
mit so viel Segen,
dass ich selbst
zum Segen
werden kann.

*Gott berühre dich zärtlich,*
er streichle deine Seele,
umhülle dich sanft mit seiner Liebe
und küsse die Hoffnung in dir wach.

*Gott berühre dich kräftig,*
er ebne deine Wege,
räume alle Hindernisse zur Seite
und schenke dir langen Atem.

*Gott berühre dich herausfordernd,*
er decke deine Lebenslügen auf,
konfrontiere dich mit deinen Ängsten
und offenbare deine Unfreiheiten.

*Gott berühre dich wehmütig,*
er helfe dir, Traurigkeiten zu ertragen,
Tränen ungehemmt fließen zu lassen
und alle Trennungen zu überwinden.

*Gott berühre dich wild,*
er sprenge deine Grenzen,
lasse dich Träume wagen
und Sehnsüchte leben.

*Gott berühre dich ungeduldig,*
damit du das Zögern aufgibst,
mutig den ersten Schritt gehst
und dich aus deiner Welt hinaustraust.

*Gott berühre dich leise,*
damit du die Stille ertragen lernst,
die Ruhe als Quelle entdeckst
und die Unruhe in dir besiegst.

*Gott berühre dich groß,*
damit du über dich hinauswächst,
deine Möglichkeiten entfaltest
und sein Reich in dir beginnt.

*So segne dich*
der Gott des gelingenden Lebens,
der Vater, der Sohn
und der Heilige Geist. Amen.

»Ein einziger
dankbarer Gedanke
gen Himmel ist das
vollkommenste Gebet!«

## Dank

Vor einiger Zeit hat mich das Leben ziemlich gebeutelt. In dieser Zeit habe ich eines entdeckt: Wie gut es getan hat, dass andere für mich gebetet haben. Dass sie für mich den Himmel bestürmt haben, als ich es nicht konnte. Und dass sie das getan haben, habe ich deutlich gespürt. Euch Freundinnen und Freunden: Tausend Dank!

Als ich dann entschieden habe »Ich würde gerne meine Erfahrungen mit der Kraft des Gebets literarisch weiterführen« hat mir vor allem mein langjähriger Bühnenpartner Martin Schultheiß (»Duo Camillo«) auf nächtlichen Autofahrten viele kluge Anregungen und Impulse mitgegeben. Auch ihm danke ich sehr.

Und ich danke allen Mitarbeiterinnen und Mitarbeitern der Evangelischen Verlagsanstalt Leipzig: Es war wieder einmal ein Vergnügen, mit euch eine Buch-Idee zu entwickeln und umzusetzen. Vielleicht, weil wir gemeinsam glauben, dass Menschen, die beten, anders leben; geerdeter, getragener, heiterer. Kein Wunder: Sie tragen ein Stück Himmel in sich.

»Beten kann heißen,
einfach nur
vor Gott da zu sein.«

*Jörg Zink*

## Über den Autor

Fabian Vogt ist Theologe, Germanist, Theaterwissenschaftler und Sänger und erzählt am liebsten Geschichten – in Büchern, auf Kabarettbühnen (»Duo Camillo«), auf Kanzeln, im Radio (hr3), in großen Inszenierungen und jetzt auch als »Himmelsstürmer«.

Als Mitarbeiter der kirchlichen Zukunftswerkstatt »midi« in Berlin (www.mi-di.de) befasst er sich unter anderem damit, wie man im 21. Jahrhundert so von und mit Gott reden kann, dass Menschen die Schönheit des Glaubens neu entdecken ... und das voller Begeisterung.

www.fabianvogt.de

Weiter Publikationen (in Auswahl)

**Stories of Faith**. Die Basics des Christentums in 153 chilligen Posts. Leipzig 2022

**Jesus für Eilige**. Seine wichtigsten Ideen kurz & knackig. Leipzig 2021

**Drei Leben**. Roman. Leipzig 2020